AF558030

Weichsel Sauerkirsche

Margot Fischer

Mit Illustrationen von
Linda Wolfsgruber

mandelbaums *kleine gourmandisen*
N° 18

www.mandelbaum.at
ISBN 978-3-85476-557-8

1. Auflage 2018
Lektorat: Inge Fasan, Michael Baiculescu
Satz und Umschlaggestaltung: Michael Baiculescu
Illustrationen: Linda Wolfsgruber
Druck: Donau Forum Druck, Wien

IHRE MAJESTÄT, DIE WEICHSEL

In vielerlei Hinsicht erinnert sie an eine Prinzessin aus dem Märchen, diese wie ein Rubin leuchtende Frucht mit den glatten, rosigen Wangen. Auch ein wenig unnahbar gibt sie sich mit ihrer zarten Säure. Obendrein hat sie die empfindsame Konstitution einer feinen Dame. Sie lässt sich nicht einfach von Maschinen in große Kisten werfen, in ein dunkles Kühlhaus sperren und danach in Plastikschachteln zum Supermarkt karren.

Diese Eigenschaften brachten ihr allerdings in der harten Realität der Marktwirtschaft das Schicksal der ungeliebten Stiefschwester ein, gebrandmarkt allein schon durch den Namen: *Sauerkirsche*. Sie verschwand von den Gemüseständen und landete zu matschigen Kugeln zerkocht mit fahlem Teint im überzuckerten Bad großer Kompottgläser im hintersten Regal. Bis …

… bis Prinz Retro, der Retter längst vergessener regionaler Genüsse, mit seinem Gefolge an kreativen Köchen und klugen Forschern der Weichsel wieder den ihr zustehenden Rang verschaffte. Mediziner loben sie in höchsten Tönen und ihr vielschichtiges Aroma begeistert selbst die verwöhntesten Gaumen.

Mögen mir nun Feinschmecker ebenso wie passionierte Detoxer zu wahrhaft märchenhaften Delikatessen mit erstaunlichen Wirkungen der Wiederentdeckten folgen.

VON FÄLSCHERN UND ERFINDERN

Wie heißt diese Frucht denn nun wirklich? Die *Prunus cerasus* (auch *Cerasus vulgaris, Cerasus acida, Druparia cerasus, Cerasus caproniana, Prunus caproniana und Prunus recta*) der Botaniker ist die Weichsel der Österreicher, Bayern und Schweizer. Im übrigen deutschsprachigen Raum wird sie als Sauerkirsche bezeichnet. Die bei den albanischen Nachfahren der Pelasger verwendete Bezeichnung für die Früchte, *vissyne*, gilt als Quelle für das türkische *vişne*, rumänisch *vișine*, polnisch *wiśnia* (vgl. Wiśniewski/a als Familienname), tschechisch *višeň*, Russisch вишня, italienisch *visciolo* und deutsch Weichsel – ein Begriff, der sich in Flurnamen wie Weichselen und Weichselboden wiederfindet.

Man unterscheidet die beinahe schwarzen Morellen oder Süßweichseln (*P. c. var. austera*) mit dunklem Fruchtfleisch und Saft von den hellen Amarellen oder Glaskirschen (*P. c. var. cerasus*). Zu Letzteren zählen die hoch geschätzte Sorte Montmorency, der zahlreiche klassische Gerichte ihren Namen verdanken. Wegen der nahen Verwandtschaft gibt es zahlreiche Kreuzungen mit Süßkirschen.

Als Namenspatron der Morellen steht lateinisch *maurella* (*maurus* = Mohr) zur Diskussion, ebenso das Château de l'Abbaye in Moreilles, in dessen Garten Weichseln seit Ende des 16. Jhs. gezüchtet worden sein sollen. Die Bezeichnung Schattenmorellen für Strauchweichseln (*P. c. ssp. acida*) ist eine Verballhornung ihres französischen Namens *Chatel Morel*. Zu den bekanntesten Varietäten dieser Unterart zählen die Amarenakirsche, *P. c. var. amarena*, die gerne mit einigen ihrer gestoßenen Steine in Sirup eingelegt wird, und die dalmatinische Maraska, *P. c. var. marasca*, die Basis für den Maraschinolikör und die Maraschinokirschen, die seit dem 17. Jh. belegt sind. Man wusch die Früchte in Salzwasser und legte sie mit Blättern sowie zermahlenen Steinen in Maraschino, einem Destillat aus der Maraskakirsche, ein.

Die große Beliebtheit der Maraschinokirschen verlockte zahlreiche Produzenten zur Entwicklung preisgünstiger Herstellungsverfahren. Ein müder Abklatsch waren in Frankreich mit Zuckersirup und Farbstoffen hergestellte Nachahmungen und die seit 1896 in den USA mit Royal Ann Kirschen und Bittermandelöl erzeugten Imitate. Beinahe ebenso ungenießbar sind die schwarzen Früchte der Steinweichsel (auch: Felsenkirsche), *P. mahaleb*. Die Kerne ihrer Steine dienen seit Jahrtausenden im Mittleren Osten als Gewürz. In Europa, vor allem um Wien und im Elsass, baute man die wegen des Duftes ihrer jungen Triebe auch Parfumweichsel genannten Bäume für die Herstellung von Spazierstöcken, Pfeifen und Zigarrenspitzen an. In warmen und trockenen Regionen wird die orientalische Unterart als Propfunterlage für Weichselkulturen verwendet; die mitteleuropäische Unterart wirft nämlich meist die aufgepropften Reiser ab. Die Piemontkirsche hingegen entspross lediglich den Köpfen findiger Werbefachleute.

VOM PFAHLBAU BIS ZUR BETTENBURG

Bereits in der Jungsteinzeit waren wilde Weichseln im europäischen Raum bei den Menschen beliebt. Sie legten sie sogar als Nahrung für das Jenseits in die Gräber. Weichselsteine – erkennbar an einer scharfen Kante – fand man in den neolithischen und bronzezeitlichen Pfahlbauten am Bodensee. Seit der Eisenzeit sind Steine nachgewiesen, die wesentlich größer als die Wildform sind und als Zeichen gezielter Selektion interpretiert werden, jedoch auch das Resultat eines milder gewordenen Klimas sein können.

Die Weichsel entstand vermutlich als natürliche Kreuzung zwischen der Vogelkirsche, *Prunus avium ssp. avium var. sylvestris*, und der Steppenkirsche, *Prunus fruticosa*, im iranischen Hochland oder im osteuropäischen Raum, wo beide Arten verbreitet waren. Die Theorie wird durch die Tatsache untermauert, dass die Weichsel über vier Chromosomensätze verfügt, die Süßkirsche lediglich über zwei. Über Berichte, die Alexander der Große im 4. Jh. v.d.Z. von seinen Erkundungen der Flora und Fauna im Zuge seiner weitreichenden Feldzüge an seinen Lehrer Aristoteles sandte, gelangten Informationen über Anbautechniken und Sorten in den Mittelmeerraum. Das älteste überlieferte schriftliche Zeugnis bietet ein Schüler von Aristoteles, Theophrast, der erstaunlicherweise nur von wilden Vogelkirschen berichtet. Ende des 1. Jhs. v.d.Z. importierte Lukullus von einem Feldzug gegen Mithridates eine besonders feine Zuchtsorte aus Kerasos (heute Giresun in der Türkei) nach Rom. Im antiken Griechenland und im Römischen Reich kultivierte man diverse Sorten bis in die nördlichsten Provinzen. Bereits Plinius d. Ä. beschreibt im 1. Jh. acht Sorten, die in Italien angebaut wurden, darunter auch Weichseln. Die weite Verbreitung führt Palladius auf die Tatsache zurück, dass sich Edelsorten gut auf Wildkirschen aufpropfen lassen.

Die Kelten waren dabei übrigens nicht unbedingt von römischem Know-how abhängig. Weichselsteine aus keltischen Gräbern in Schwäbisch Hall sind größer als jene, die in römischen Brunnen gefunden wurden. Anhand von Steinfunden konnten Archäologen zeigen, dass in nördlichen Provinzen des Römischen Reichs weitaus mehr Weichseln als Kirschen verzehrt wurden. Dasselbe gilt für Funde aus dem 13. und 14. Jh. in norddeutschen und holländischen Städten.

In der Literatur finden sich weniger klare Hinweise. Bis in die Neuzeit gibt es häufig nur grobe Unterscheidungen zwischen süßen und sauren Kirschen, die Beschreibung der Sorten lässt bis ins 18. Jh. mehr als zu wünschen übrig. Erst 1797 schlug der Botaniker und Mediziner David Sigismund Büttner eine eindeutige Trennung vor. Auf Basis seiner Vorschläge begann Christian

Truchsess mit einer systematischen Sortenbeschreibung, teils anhand jahrzehntelanger Beobachtung seiner eigenen überaus sortenreichen Plantage rund um die Bettenburg (so hieß sein Sitz tatsächlich). Allein von den Weichseln beschrieb er 114 Sorten, die er in Amarellen, Glaskirschen und Süßweichseln einteilte. Trotzdem blieb bis heute ein zum Teil unüberschaubares Durcheinander an Bezeichnungen und Sortenzuschreibungen bestehen, das nun die Genetiker zu entwirren versuchen. Nicht einfach – Weichseln kreuzen sich gerne, auch mit Süßkirschen.

DIE ZARTE ROBUSTE

Wachsen Weichseln in der Natur lediglich zu gedrungenen Sträuchern heran, so können sie in Kultur bis 10 Meter hoch werden. Sie sind weniger frostempfindlich als Süßkirschen, da sie etwa zwei Wochen später zu blühen beginnen. Sie stellen geringere Ansprüche hinsichtlich des Lichteinfalls, der Temperaturen und der Bodenbeschaffenheit, mögen allerdings gut belüfteten Boden ohne Staunässe, dafür mit mehr Stickstoff. Auch gegen Krankheiten und Schädlinge sind sie resistenter als Süßkirschen.

Rund 270 Sorten werden derzeit kultiviert. Hauptanbaugebiete sind die Türkei, Russland, Polen, die Ukraine und der Iran. In Mitteleuropa wird lediglich der lokale Bedarf gedeckt. Sogar die Alleen an Wegen und Straßen verschwinden zusehends. Ihre Pflanzung war ab dem 18. Jh. behördlich angeordnet worden, um die Bevölkerung mit frischem Obst zu versorgen und die Routen auch im Winter erkennbar zu machen – vor allem für die Post und das Militär.

Wegen des vergleichsweise zarten Wuchses verwendete man das Holz kaum für Mobiliar, sondern für kleinere Objekte. In Italien stellte man Essigfässer daraus her, da sie für längere Haltbarkeit des Inhalts sorgten. Die Rinde ist glänzend und rötlich. Später löst sie sich waagrecht als Ringelborke ab.

Die weiß-rosa Blüten erscheinen vor den Blättern an Kurztrieben mit 2–3 Laubblättern. Sie stehen zu 3–5 in einer Dolde in den Achseln schuppenförmiger Hochblätter. Die Blüten sind zwittrig mit Staubblättern und mittelständigen Fruchtknoten. Manche Sorten sind Selbstbestäuber, andere werden von Tieren bestäubt. Vor allem Bienen und Hummeln lassen sich gerne vom süßen Duft anlocken. Die wechselständigen Blätter sind 5–12 cm lang, oval, mit gekerbten bis gesägten Rändern. Sie sind glänzend und ledrig. Im Gegensatz zu Süßkirschblättern weisen sie keine oder grüne Nektardrüsen auf. Der Nektar lockt Ameisen, die vor blattfressenden Insekten schützen. Der Stein enthält jeweils einen Samen. Je nach Sorte und Region reifen die Weichseln zwischen Juni und August. Ihre hellen bis beinahe schwarzen Rottöne machen die Früchte vor allem für Vögel attraktiv, die für die Verbreitung der Samen sorgen.

Die alte Regel »die oberen Früchte gehören den Vögeln« beruht nicht allein auf der Tatsache, dass man sich beim Ernten nicht den Hals brechen wollte. Die Menschen wussten noch um die wichtige Funktion der Vögel als Vertilger zahlreicher Insektenarten, die sich gerne großzügig in Garten und Feld verköstigen. Es lohnt sich daher, die fliegenden Helfer anzulocken.

DIE HEXE IM WEICHSELZOPF

In Kunst und Kultur führt die Weichsel eher ein Schattendasein, besonders im Vergleich zum Fluss gleichen Namens. Vielfach wird in alten Überlieferungen nicht zwischen Kirschen und Weichseln unterschieden, man nahm es bei einander ähnlichen Pflanzen nicht so genau. Die leuchtend roten Früchte mit runder Form und saftigem Fleisch legten erotische Assoziationen nahe. Folgerichtig war die Art in der griechischen Mythologie der Fruchtbarkeitsgöttin Artemis geweiht, die auf eine urzeitliche Erdgöttin zurückgeführt wird, welche für Menschen, Ernte und Tiere gleichermaßen zuständig war.

Überliefert ist ein Ritual, in dem man Kühe, die schwer tragend wurden, um die Weichselbäume herumtrieb. Kinderlose Frauen ziehen einen Ast zu sich herunter und sagen: »Du bist nicht unfruchtbar, also soll ich es auch nicht sein.« Die empfängnisfördernde Wirkung der Inhaltsstoffe ist übrigens mittlerweile wissenschaftlich bestätigt, wenn auch in der profaneren Form der Verabreichung von Extrakten.

Ebenfalls ein Relikt archaischer Orakelrituale ist das Schneiden von Zweigen, bevorzugt von der Weichsel, in der Andreasnacht am 29. November, einem klassischen Datum der Zukunftsvorhersage, und zu Barbara am 4. Dezember. Das Aufblühen in den Raunächten (in der christlichen Mythologie zu Weihnachten) sollte Liebesglück sowie die Fruchtbarkeit der Tiere und der Felder vorhersagen. Mädchen versahen einen Zweig mit dem Namen des Burschen, in den sie verliebt waren. Wenn der Zweig viele Blüten trug, standen die Chancen gut auf eine Heirat in naher Zukunft. Bei mehreren Kandidaten wurde für jeden ein Zweig beschriftet. Wessen Zweig als erster blühte, sollte an den Altar treten. Verweigerte der Zweig das Blühen, verriet er damit, dass das Mädchen keine Jungfrau mehr war. Daraufhin träumten wohl so manche Eltern von Weichseln, dem Traumsymbol für Enttäuschung. Sicherheitshalber schüttete man daher das erste Badewasser einer Neugeborenen unter dem als weiblich betrachteten Baum aus, um dem Mädchen Schönheit, aber vor allem Reinheit zu sichern. Damit wollte man wohl der Schande vorbeugen, dass Jahre später der Maid ein Zweig in den Garten gesteckt wurde als Zeichen eines lockeren Lebenswandels.

Archaische Abwehrzauber sind noch am Brauch erkennbar, zu Weihnachten mit Hilfe von Barbarazweigen in der Kirche Hexen erkennbar machen zu wollen. Da Hexen gerne mit der Milch Schabernack trieben, wusch man Milchgeschirr mit einem Absud von Weichselblättern aus – tatsächlich wirken sie desinfizierend. Der Baum diente zudem für das »Abstreifen«, die Übertragung menschlicher Krankheiten auf Pflanzen durch teils komplizierte Rituale an genau definierten Tagen zu festgelegten Zeiten. Nicht selten spielte dabei das Abschneiden der Nägel oder von Haaren eine Rolle, die entweder unter dem Baum vergraben wurden, damit böse Geister sie nicht an sich nehmen konnten, oder in Säckchen an die Äste gehängt – meist als Schutz vor Zahnschmerzen.

Nachts stellten sich Kranke nackt mit dem Rücken zum Weichselbaum und schüttelten den als heilkräftig geschätzten Tau auf sich herab. Für Hautprobleme vielleicht gar nicht so abwegig. Wer sich dabei verkühlt, kann aus der Rinde und dem Harz einen Tee gegen Fieber und Husten brauen. Apropos Lunge: Mit einem Zweigritual versuchte man herauszufinden, ob jemand an Schwindsucht erkrankt war. Als Symbol für hohen Wert werden Weichseln in Sagen verstanden, in denen sich die Früchte oder Steine in Goldstücke verwandeln.

Die Bewohner des Schweizer Kantons Zug verwandeln die Früchte, die *Chriesi*, tatsächlich in Goldstücke. Mit einer beachtlichen Sortenvielfalt feiert die Region ihren Schatz unter anderem mit einer Weichselwurst und natürlich mit diversen Bränden plus mit Kirsch getränkter Torte, die einst nebst Hollywoodgrößen auch den Papst begeisterte. Fritz Mensik, Wiener Salonmusiker und Stammgast in der Konditorei des Torten-Erfinders, komponierte sogar einen Marsch zu Ehren des Konditors. Interessant ist der seit 1711 dokumentierte Brauch des Läutens der *Chriesigloggä* zu Beginn der Erntesaison. Bei ihrem Klang stürmten die Menschen mit Leitern auf die Allmende. Neueren Datums sind die Weitspuckmeisterschaften.

In slawischen Ländern besitzt die Weichsel eigenständigen mystischen Stellenwert. In den Hochzeitsbräuchen verabschiedet sich die Braut von ihrer Mädchenzeit und jugendlichen Schönheit mit einem Ritual. Sie bringt ihren Jungfernkranz oder ihre Mädchenhaarbänder in den Garten mit den Worten: »Ihr, die ich euch geflochten, wohin nur mit euch? Ich hänge euch in Vaters Garten an den Kirschbaum, an den Weichselbaum.« Sehr passend für diesen bittersüßen Moment.

Nicht geflochten ist der *Weichselzopf*, zu langen Strängen verfilztes Haar, das in zahlreichen Kulturen seit Jahrtausenden als Zeichen der Heiligkeit gilt. Ein mit Wachs geformter Haarstrang nach Mode der Skythen wurde in Nordeuropa bis ins 17. Jh. auch von Königen getragen, in Polen sogar bis ins 19. Jh. Der deutsche Name ist eine Umbildung aus polnisch *wieszczyce*, hergeleitet von *wieszczyca*, Hexe oder Nachtgespenst – beides Begriffe, die dem wesentlich geläufigeren Vokabel *wiśnia* (Weichsel) ähnlich sind.

Aus der Zeit um 3.000 v. d. Z., lange vor Entstehung der klassischen griechischen Mythologie, stammen dem Haupt der Medusa gleichende Abbildungen, die von Weichselzöpfen inspiriert scheinen. Diese – auch olfaktorisch – grauenhafte Erscheinung beschreibt Jerzy Kosiński sehr plastisch in seinem Roman *Der bemalte Vogel*. Diese historischen Dreadlocks von bis zu mehreren Metern Länge konnten auch bewusst herbeigeführt sein mit dem Ziel, Dämonen (= Krankheiten) aus dem Körper in das Haar übergehen zu lassen. Sogar die Weichselbäume zeigen ein ähnliches Phänomen: den »Hexenbesen«, ein dichtes Gewirr aus Zweigen, hervorgerufen durch einen Schmarotzerpilz.

Auch in anderen, wenig erfreulichen Zusammenhängen tritt die Weichsel in Erscheinung. Zum Beispiel in einem klassischen Testspruch, mit dem Eltern herausfinden möchten, ob ihr Kind eine logopädische Therapie gegen das Lispeln benötigt: »Susi sucht süße Sauerkirschen«. Das klingt übrigens besonders interessant, wenn sich gerade die ersten Milchzähne verabschieden.

Armon Planta, in Graubünden tätiger Lehrer, Lyriker, Hobbyarchäologe und Umweltschützer, betitelte einen Band seiner engagierten und satirischen Lyrik 1973 *Amarellas*. Darin wendet er sich gegen Profitgier und die Zerstörung der Umwelt, die ihm sauer aufstießen. Die Art in der er sich für die Bewahrung der eigenständigen Traditionen der romanischen Alpentäler einsetzte, war allerdings ziemlich reaktionär. Ohne Umweltschutz, dafür ähnlich doktrinär reaktionär argumentiert die Schweizer Schriftstellerin und Journalistin Salcia Landmann in *Marxismus und Sauerkirschen*. Im Vorwort bezeichnet sie ihr Buch als Versuch, die »Zerstörungstendenz im freien Teil des Abendlandes … zu illustrieren«.

Satirisch hingegen behandelt Anton Tschechow den Verlust der »guten alten Zeit« in *Der Kirschgarten*, der genau genommen – und thematisch viel passender – ein Weichselgarten *(Višnevyj sad)* ist. Weniger satirisch ist *Die Kirschenkönigin* (auch eigentlich eine Weichselkönigin) von Justus Pfaue. Eine jüdische Bankierstochter möchte Bäuerin werden. Daher heiratet sie gegen den Widerstand ihres Vaters einen schönen, verarmten Adeligen und zieht mit ihm auf sein verwahrlostes Gut, wo sie hervorragende Weichseln züchtet. Trotz des Ersten Weltkriegs und des Todes ihres Gatten wird sie zur größten Marmeladefabrikantin der Weimarer Republik, doch

dann gewinnen die Nationalsozialisten zunehmend an Einfluss. Kaum zu glauben, doch der Roman basiert auf tatsächlichen Begebenheiten. Das war natürlich Stoff für eine opulente mehrteilige Fernsehverfilmung.

Weichseln stehen in unzähligen Werken als Symbol für die Heimat und Kindheit – meist in Zusammenhang mit deren Verlust – und die Sehnsucht nach Geborgenheit und Zugehörigkeit. Durch die Kindheitserinnerungen der heute in den USA ansässigen Kunsthistorikerin Luisa Lang Owen – sie hatte als Kind das Lager Rudolfsgnad (heute Knićanin, Serbien) überlebt – begleitet sie der Weichselbaum ihres Großvaters, der »mehr als alle anderen Bäume im Garten mit seiner Umgebung im Einklang stand«. Und die Männer in Mario Vargas Llosas *Krieg am Ende der Welt* halten sich im entlegenen *Sertão* an ihren Gläsern voll Zuckerrohrschnaps mit Weichseln fest.

Auch die nicht immer ganz reibungsfreie Rückkehr in die Heimat kann durch Weichseln symbolisiert werden. Im Film *Weichselkirschen* empfindet die polnische Journalistin Anna nach Jahrzehnten im Ausland schmerzlich die tiefgreifenden sozialen und landschaftlichen Veränderungen. Im preisgekrönten kroatischen Film *Imena visnje* (*Sauerkirschen)* versucht ein älteres Ehepaar nach dem Krieg vergeblich, wieder in den Alltag zu finden. Die Frau wird immer abwesender und verlorener. Der Mann behandelt sie in seiner Hilflosigkeit schlecht, beginnt jedoch, sein Verhalten und seine Wertvorstellungen zu hinterfragen.

Als klassische Trostspeise präsentiert die Sozialpsychologin Annefried Hahn Schokoladepudding mit Weichseln. Zur Bändigung trotziger Kinder dient der Soziologin Barbara Sichtermann ebenfalls ein Dessert mit Weichseln. Reichlich Trost und Hilfe bei der Bändigung von Mördern und Geistern sucht in der Kultserie *Twin Peaks* der in der trügerischen Idylle einer abgründigen Kleinstadt gelandete Special Agent Dale Cooper. Er kann nicht genug von Weichselkuchen bekommen, dem Klassiker amerikanischer Hausmannskost, der mittlerweile in zahlreichen Lokalen als Teil eines *Twin-Peaks-Menüs* angeboten wird.

Ein Gustostück ist der Text eines englischen Weihnachtsliedes aus dem 13. Jh., in dem Maria ihren – betont als einen schon bei der Hochzeit alten Mann dargestellten – Josef auf dem Weg durch einen Obstgarten bittet, ihr eine Kirsche zu pflücken. Sauer antwortet er: »Soll doch der sie dir pflücken, der dich geschwängert hat.« Auch in einem sehr deftigen Gstanzl tritt die Weichsel auf, übrigens in der harmlosesten Strophe: »Die Weichseln san sauer/die Kirschen san süaß/und s'Derndl hot an Back'nbart/zwisch'n de Füaß«.

Wesentlich Harmloseres gibt der Sänger der Rockband *The Kills* von sich. Im Song *Sour Cherry* jammert er das ganze Lied hindurch, dass er die einzige Weichsel am Obststand seiner Angebeteten ist. Ja, die Liebe ist nicht nur süß.

GESUNDHEIT UND SCHÖNHEIT NICHT NUR FÜR SCHLAFLOSE

Gleich vorweg: Weichseln sind – bitte den Modebegriff zu verzeihen, aber griffiger lässt es sich nicht ausdrücken – absolutes Superfood. Sie bieten höhere Gehalte an wertvollen Inhaltsstoffen als so manche exotische Wunderbeere. Da könnte man doch glatt den Produzenten verzeihen, die den attraktiven Farbton von Weichselsaft zur optischen Aufbesserung von Fruchtsäften und Wein verwenden, steigt doch damit der gesundheitliche Wert deutlich an. Wie bei allen Nahrungsmitteln gilt allerdings auch bei der Weichsel und den daraus hergestellten Produkten: Licht, Luft, hohe Temperaturen, weitgehende Verarbeitung und lange Lagerung führen zu einem Verlust an wirksamen Substanzen.

Möglicherweise lag es an unzureichenden Methoden der Haltbarmachung, dass die im Rohzustand schlecht transportierbare Weichsel in der historischen Heilkunde keinen besonderen Stellenwert einnimmt. In seinem *New Kreüterbuch*, einem botanischen Meisterwerk aus der Renaissance, bescheinigt Leonhart Fuchs der Weichsel einen kühlen und trockenen Charakter, der bei Entzündungen und Infektionen hilfreich ist. Im Mittleren Osten ist sie Herzkreislauferkrankungen, Harnwegsinfekte und weibliche Fortpflanzungsorgane behandelnder Teil einer traditionellen Teemischung, *Zhurat* oder *Zahraa*, die mit der Diaspora der Bevölkerung weltweite Verbreitung und damit eine sehr variable Zusammensetzung erfuhr. Im Iran dienen Weichseln traditionell zur Behandlung hoher Blutfettwerte und Diabetes, bei Erkältungen wird die Mahaleb-Weichsel eingesetzt.

Weichseln enthalten pro 100 g essbarem Anteil durchschnittlich 53 kcal, 9,9 g Kohlenhydrate, ca. 0,2 g Fett, 160–350 mg Kalium, 2–5 mg Natrium, 8–24 mg Calcium, 8–20 mg Magnesium, 15–28 mg Phosphor, 0,6 mg Eisen, 400 µg Niacin, 75 µg resorbierbare Folsäure, 50 µg Retinol (Vit. A), 50 µg Thiamin (Vit. B1), 60 µg Riboflavin (Vit. B2), 12 mg Ascorbinsäure (Vit. C) und 1 mg Carotinoide. Der Säureanteil besteht hauptsächlich aus Äpfel- und Zitronensäure.

An sekundären Pflanzeninhaltsstoffen liefert die Weichsel vor allem Antioxidantien mit stärkerer Wirkung als Vitamin C oder E. Die enthaltenen Flavonoide (je dunkler die Sorte, desto höher der Gesamtgehalt), v.a. Anthocyane wie das Cyanidin-3-Glykosid, wirken wie weithin verwendete schmerzstillende und entzündungshemmende Medikamente, jedoch ohne deren teilweise gravierende Nebenwirkungen.

Neben der entwässernden – und damit blutdrucksenkenden – Wirkung fungieren Weichseln als natürliches Antibiotikum und Mittel gegen Pilzinfektionen sowie zur Regulierung des Immunsystems. In der ayurvedischen Lehre und der klassischen arabisch-griechischen Medizin, die auch in Europa bis in die späte Neuzeit tonangebend blieb, dienen vor allem die Früchte als Aphrodisiakum und zur Behandlung von Infektionen des Harntrakts, von Nieren- und Gallensteinen sowie Harnverhalten, Fieber und Schlafstörungen. Auch bei Diabetes, Übergewicht, erhöhten Harnsäurewerten, Herz- und Hauterkrankungen ist die Anwendung traditionell und die Wirkung wissenschaftlich nachgewiesen.

Im Tierversuch wurde eine Erhöhung der Erfolgsrate bei künstlichen Befruchtungen erreicht. Weichseln können das Fortschreiten von Gefäßerkrankungen verlangsamen, Gelenksschmerzen bei Arthritis lindern, die Anreicherung von Harnsäure – und damit Gicht – verhindern sowie möglicherweise den Alterungsprozess – auch von Nervenzellen – verzögern, womit die Weichsel zum Hoffnungsträger bei Multipler Sklerose und diversen Demenzerkrankungen wie Alzheimer wird. Apropos Alterung: Mit Weichselsaft lässt sich übrigens die Korrosion von Stahl verhindern.

Den Schutz vor Alterung – und damit dem Untergang von Zellen – versuchte man in der Krebstherapie anzuwenden. Es konnte eine Verminderung der Nebenwirkungen der Chemotherapie erreicht werden. Allerdings zeigen einige Untersuchungen, dass mitunter auch Krebszellen vor der Zerstörung geschützt werden. Eh klar, mag man denken. Es kommt jedoch darauf an, welchen Tumor man bekämpft und welchen Teil der Weichsel man verwendet. Mit dem Amygdalin aus den Samen lassen sich sehr wohl gezielt Tumorzellen abtöten, ohne dass gesunde Zellen geschädigt werden. Krebszellen verfügen nämlich über ein Enzym, das Cyanid aus Amygdalin freisetzt und sie damit abtötet, während es ihnen an einem in gesunden Zellen vorhandenen Enzym zur Entgiftung mangelt.

Differenziert betrachten sollte man manche Publikationen über eine Schutzwirkung von Weichselpräparaten vor den Folgen körperlicher Anstrengung wie Schmerzen, Muskelschäden und Entzündungen – auch wenn ein Effekt durchaus plausibel ist. Einige der vorliegenden Studien waren von der Kirschvermarktungsindustrie gesponsert und beobachteten lediglich kleine Gruppen; zudem lässt die Methodik vielfach zu wünschen übrig.

Trockenweichseln lindern Durchfall und Ruhr, die Samen töten Würmer und hemmen Entzündungen. Hildegard von Bingen empfiehlt, bei »Beißen im Bauch«, das nicht von Würmern verursacht wird, zerstoßene Kerne von rohen Früchten zu essen. Sind Würmer vorhanden, soll man die Kerne zuvor in Essig legen. Sogar die Stängel sind wirksam. Sie werden seit Jahrhunderten wegen ihrer entwässernden und adstringierenden Wirkungen geschätzt, sind daher auch Bestandteil von Schlankheitstees. Der prominente Kräuterspezialist Mességué empfahl sie überdies gegen Bronchitis. Erkältungen und Fieber wurden mit Tees aus der Rinde und dem Harz bekämpft. Dieses Mittel kannten auch die Cherokee (die übrigen Ethnien Nordamerikas verwendeten Wildkirschen). Blütentee kommt bei Husten, Bronchitis und allergischem Asthma zum Einsatz. Bedeckt man Blüten mit Traubenkernöl und lässt sie vor dem Abfiltern eine Woche an einem warmen Ort ziehen, erhält man ein beruhigendes Pflegemittel für empfindliche Haut. Als Massageöl wird es bei Schulter- und Nackenschmerzen verwendet. In einigen Ländern, vor allem Polen, trinkt man im Frühjahr den durch Ritzen der Rinde gewonnenen frisch gezapften Saft. Extrakte aus Blüten, Blättern, Stängeln und Früchten sowie das Öl der Kerne sind Bestandteil von Kosmetika. Weichselkernöl dient u.a. zur Faltenreduktion und als Schutz vor UV-Strahlung, als Nahrungsergänzungsmittel zur Vorbeugung und Linderung chronischer Erkrankungen. Die Blätter mischte man in Tabak und färbte Textilien damit grün. Das Harz diente Künstlern von der Antike bis ins 19. Jh. als Bindemittel für Farben, heute ist es als Emulgator und Verdickungsmittel im Einsatz. Es wird auch in der pharmazeutischen Industrie und in Hustensäften verwendet. Landkinder benutzten das Harz gerne als Kaugummi.

Als wären all diese Inhaltsstoffe nicht schon ausreichend, Gesundheit und Schönheit zu fördern, bieten die Weichseln überdies eine natürliche Quelle für Melatonin, das sogar bei Pflanzen die Folgen von oxidativem Stress behebt. Wie bei allen hochwirksamen Substanzen ist die Aufnahme im natürlichen Verband unbedingt isolierten Präparaten in Form von Nahrungsergänzungsmitteln oder Medikamenten vorzuziehen. Melatonin fördert die antioxidative Wirkung der übrigen Inhaltsstoffe, regt die Bildung antioxidativer Enzyme an, steuert unter anderem die Nierenfunktion und den Blutdruck, bekämpft Tumorzellen, beeinflusst das Immunsystem, schützt Zellen vor dem Untergang und steuert den Schlaf-Wach-Rhythmus. Es erhöht die Dauer und Qualität des Schlafs. Blindheit, Schichtarbeit und Zeitverschiebungen stören den Melatoninhaushalt. Im Alter geht die Produktion zurück. Schlafmangel behindert nicht nur die Regeneration sämtlicher Zellen. Er kann auch zu Übergewicht, Diabetes, Depressionen und diversen weiteren unangenehmen Folgen führen.

Wenden wir uns lieber Angenehmem zu.

DIE LUKULLISCHEN SEITEN

Weichseln eignen sich hervorragend als feinaromatischer Säurespender für schwere Speisen, ob pikant oder süß. Sie harmonieren besonders mit Zimt(blüten), Gewürznelken, Koriandersamen, Basilikum, Dill, Thymian, Lavendel, rosa Beeren, Zitrusfrüchten einschließlich Bergamotte, Kakaobohnen, Rotwein, Cognac, Nüssen, Pilzen, Käse, Krustentieren, Fisch, Geflügel (besonders Wachtel und Perlhuhn), Wild, Leber und Nieren.

Weichseln lassen sich nicht gut lagern und transportieren. Beim Einkauf sollten nur unversehrte und pralle Früchte ohne braune Stiele gewählt werden. Frische Weichseln halten sich am besten ungewaschen im Gemüsefach des Kühlschranks. Länger als eine Woche sollte man sie jedoch nicht aufbewahren. Wegen ihrer Empfindlichkeit finden sich Weichseln in der traditionellen Küche vorrangig in Kompott, Marmelade und Gelee (in die wegen der geringen Gelierkraft der Weichseln und der harmonierenden Aromen auffallend häufig Ribiseln gemischt wurden), Sirup, Eiscreme, Brand und Likör, dazu in zahlreichen Aufläufen, Flans und Sommerkuchen. Ein wenig skurril ist ein Rezept aus der *Süddeutschen Küche* der Katharina Prato: Würstchen aus gedünsteten Dörrweichseln, die mit Ei und Bröseln gebunden, in Oblaten gewickelt, paniert und in Schmalz gebacken wurden. Apicius empfahl, Weichseln in Honig einzulegen; in dickem Sirup sind sie im Mittleren Osten Teil der Erfrischungen, die Besuchern dargeboten werden, Begleitung zu Tee und Kaffee, im Ramadan die belebende Einleitung des Fastenbrechens. Kandierte Weichseln waren ein beliebtes farbenfrohes Dekorelement für Pasteten und elegante Desserts. Verbreitet war allerdings auch ein seit vielen Generationen gefürchtetes Gebäck: der Spuckstrudel. In einer hauchdünnen Schicht aus Teig und gerösteten

Nüssen verstecken sich gefühlte 1.000 Weichselsteine. Ebenso geeignet für Weitspuckbewerbe waren gebackene Weichseln, die an den Stielen zusammengebunden, in Teig getaucht, und in heißem Schmalz gebacken wurden. Auch für die einstmals populäre kalte Weichselsuppe entsteinte man die Früchte häufig nicht, »damit sie die Form behalten«. Dabei riet Madame Saint-Ange schon 1927 in ihrer *Bonne Cuisine*, zur Erhaltung der Form eine Drahtschlinge in einen Korken zu stecken und mit der Schlinge den Stein durch die Öffnung, die der entfernte Stiel hinterlassen hat, zu ziehen. Die Steine machen durchschnittlich gut ¼ des Gesamtgewichts der Frucht aus. Zerstoßene Steine verleihen einen feinen Bittermandelton. Bei der Dosierung in rohen Speisen ist Vorsicht geboten, jedoch setzt der intensive Geschmack dem Einsatz ohnedies Grenzen. Erhitzen und Trocknen zerstört die enthaltene Blausäure; bei der Reifung von Ansatzschnäpsen und Likören findet ebenfalls ein Abbau statt. Allerdings ist ein Restgehalt der pharmakologisch wirksamen Substanz in diesen oftmals auch als Medizin verwendeten Produkten durchaus erwünscht.

Weniger erwünscht war wohl eine Razzia bei einem der größten Hersteller von Cocktailkirschen in den USA. Dem Unternehmen war vorgeworfen worden, Abwässer ungeklärt in die Kanalisation zu leiten. Das stellte sich jedoch als das geringere Problem heraus: Unter der Fabrik entdeckten die Polizisten eine riesige Marihuanaplantage.

Zu den Klassikern zählen Canard Montmorency, Timbale Montmorency (eine Fruchtpastete mit Briocheteig, Marillenmarmelade, Sirupweichseln, Himbeersaft und Ribiselgelee), Omelette surprise Montmorency, Bombe Montmorency (eine Eisbombe mit Kirschen- und Kirschwassereis), Pudding à la Chevreuse (aus Gries) und die Schwarzwälder Torte. Kandierte Weichseln dienten als Farbtupfer für die aberwitzig aufwendigen Konstruktionen der *haute cuisine*. In der Küche des Mittleren Ostens werden Weichseln gerne mit Fleisch kombiniert, zu Getränken und Naschereien verarbeitet, darunter auch zu Fruchtleder. In Osteuropa beschleunigen kleine Weichseläste das Säuern des *borscht*, der zum Würzen der gleichnamigen Suppe dient. Unzählig sind die Gerichte mit Maraschino. Unter den Biersorten mit Weichselgeschmack zählt das belgische *kriek lambic* zu den bekanntesten.

Ein feines Bittermandelaroma mit Fruchtnoten zeichnet das Weichselkernöl aus, das Salate, Saucen, Käse und Desserts raffiniert verfeinert. Obwohl es reich an ungesättigten Fettsäuren ist, zersetzt es sich erst ab 352 °C. Kühl und dunkel gelagert ist es 6 Monate haltbar. Für eine Sparvariante zerstößt man einige Steine sehr fein und lässt sie in einem Teefilter einige Stunden in gutem Öl oder einer anderen zu aromatisierenden Flüssigkeit ziehen. Gemahlene Kerne aus den Steinen der Steinweichsel dienen seit der Antike unter dem Namen *Mahlab, Mahleb* oder *Mahlep* im Mittleren Osten als Gewürz mit Anklängen an Vanille und Rose plus bitterem Nachgeschmack, der sich beim Erhitzen in ein vollfruchtiges Aroma verwandelt. Am besten schmeckt es frisch gemahlen; durch den hohen Ölgehalt wird es nämlich rasch ranzig.

Doch nun zur Praxis. Die Rezepte sind, wenn nicht anders angegeben, für 4 Personen berechnet. Gewürze bitte möglichst frisch mahlen.

REZEPTE

VORSPEISEN UND SNACKS

Weichseln mit Sardellen

Auf jeder Party willkommene Begrüßungshäppchen.

12 entsteinte Weichseln • 12 eingelegte grüne Pfefferkörner oder Kapern • 6 längs halbierte Sardellenfilets

Die Weichseln mit Pfeffer oder Kapern füllen, in die Sardellenfilets einrollen, mit Zahnstochern fixieren. Wer es deftig mag, rollt die Weichseln in dünne Speckstreifen und brät sie kurz scharf an.

Erfrischender Sommersalat

Macht auch bei größter Hitze Appetit. Ausbaubar mit Käse, (Roh-)Schinken, Garnelen, gebratenem Geflügel etc., dann aber die Dressingmenge erhöhen.

2 Handvoll knackige Salatblätter • 100 g entsteinte Weichseln • ½ Knoblauchzehe • 4 EL Olivenöl • 2 EL Balsamicoessig • 2 TL Ahornsirup • Salz • Pfeffer • 2 EL grob gehackte Pekannüsse, nach Wunsch geröstet • Basilikumblätter

Salat in mundgerechte Stücke zupfen. Weichseln mit Knoblauch, Öl, Essig, Ahornsirup, Salz und Pfeffer pürieren. Salat am besten mit den Händen mit dem Dressing vermischen. Mit Pekannüssen und Basilikum bestreut sofort servieren.

Artischocken mit Ziegenfrischkäse und Weichselsenf

Köstlich auch mit eingelegten Artischockenböden.

4 Artischocken • 1 Zitrone • Salz • Macis • Pfeffer aus der Mühle • 4 EL Ziegenfrischkäse • 4 EL Weichselsenf (Seite 31) • etwas Fenchelgrün oder Dill

Artischockenstiele abschneiden. Artischocken in reichlich mit Zitrone versetztem Salzwasser 20–40 Minuten kochen. Abtropfen lassen. Blätter und Heu entfernen. Böden mit ein wenig Macis und Pfeffer würzen. Frischkäse gefällig auf den Böden anrichten, mit Weichselsenf betupfen und mit Kräutern garnieren.

Wildpastete mit Weichseln und karamellisierten Walnüssen

Eine elegante Vorspeise, die sich auch zur Verwertung von Resten anderer Fleischsorten eignet. Sie schmeckt warm oder kalt.

1 Stange Lauch • 1 Knoblauchzehe • 600 g gegartes Wild(geflügel)fleisch • je 1 Prise Gewürznelken und Ingwer • 1 TL gehackte Rosmarinnadeln • 50 ml Rotwein • 100 g getrocknete grob gehackte Weichseln • 150 g Rauchspeckwürfel • 300 g Roggenmehl • Salz • 1 Prise Muskatnuss • 120 g Butter plus 1 EL für die Form • 1 Ei

Garnitur: 10 Walnusshälften • 1 EL Zucker • krause Petersilie

Lauch und Knoblauch grob schneiden. Wild mit Lauch, Knoblauch, Gewürzen und Rotwein pürieren. Weichseln und Speck einrühren. Gekühlt 1 Stunde ziehen lassen.

Mehl mit Salz und Muskatnuss würzen. Mit Butter und 150 ml Wasser verkneten. Eine Pastetenform buttern. Mit ⅔ des Teigs auslegen. Fleisch einfüllen. Mit dem restlichen Teig bedecken. Eier trennen. Ränder mit Eiklar verkleben, Oberfläche mit Dotter bestreichen. Im vorgeheizten Backofen bei 200 °C etwa 35 Minuten backen.

In der Zwischenzeit Nüsse mit Zucker in einer schweren Pfanne bei Mittelhitze schwenken, bis der Zucker karamellisiert und die Nüsse überzieht. Sofort auf Backpapier auskühlen lassen, danach zur in Scheiben geschnittenen Pastete mit Petersilie servieren.

Kafta bi'l Karas
Fleischbällchen in Weichselsauce

»Dieses Gericht servieren syrische Juden bei Partys auf geröstetem Brot. Es ist sehr elegant und erlesen«, schreibt Claudia Roden in ihrem großartigen *Buch der jüdischen Küche*. In der gesamten arabischen Levante sind unterschiedliche Versionen beliebt. In Aleppo etwa steckt man die Bällchen abwechselnd mit den dort verbreiteten Mahalebweichseln auf Spieße und grillt sie über Holzkohlenfeuer. Hier eine besonders aromatische Variante, die warm und kalt begeistert:

250 g mageres Lammfaschiertes • Salz • 1 kräftige Prise Baharat (arabische Gewürzmischung aus Pfeffer, Piment, Zimt, Muskatnuss, Koriandersamen, Sumach, Kreuzkümmel, Kardamom) • 1 EL fein gehackte Petersilie • 25 g leicht geröstete Pignoli • Öl zum Braten • 1 große Zwiebel • 200 g entsteinte oder 100 g getrocknete Weichseln (eingeweicht) • 2 TL Tamarindenpaste oder Zitronensaft • 1 Prise Zucker nach Belieben • 4 Scheiben getoastetes Brot

Fleisch, Salz, Baharat und Petersilie sorgfältig mischen. Walnussgroße Bällchen formen. Pignoli in die Bällchen stecken. Die entstandenen Öffnungen verschließen. Bällchen in Öl rasch allseits leicht anbräunen. Sie sollen innen noch rosa und saftig sein. Grob gehackte Zwiebel in Öl weich braten. Weichseln (getrocknete mitsamt Einweichwasser), Tamarinde, nach Belieben Zucker und 1 Schöpfer Wasser einrühren. Unter gelegentlichem Rühren weich kochen. Fleischbällchen weitere 5–10 Minuten mitkochen. Auf dem Brot servieren.

Weichselkaltschale

Bei feinen Gesellschaften servierte man sie früher gerne als erfrischende zweite Suppe zur Appetitanregung und Verdauungsförderung. Ein Überlebenselixir angesichts der aberwitzigen Mengen nicht gerade leichter Speisen, die üblicherweise noch folgten. Die Intensität des Bittermandelaromas lässt sich durch die Anzahl der verwendeten Steine steuern.

700 g Weichseln • 1 kleines Stück Zimtstange • 600 ml fruchtiger Weiß- oder Rotwein • ca. 30 g Zucker • einige dünne Streifen Zitronen- oder Orangenschale • Minzblätter nach Belieben

200 g Weichseln vorsichtig entsteinen. Mit Zimt und knapp mit Wein bedeckt bissfest kochen. Abkühlen lassen, Zimt entfernen. Die restlichen Weichseln mit Steinen (nach Belieben einige entfernen) im Mörser oder einer gutmütigen Küchenmaschine zerstampfen. Aus dem restlichen Zucker mit einigen Esslöffeln Wasser einen dicken Sirup kochen und noch heiß über die Weichseln gießen. 10 Minuten ziehen lassen, danach durch ein feines Sieb passieren. Mit dem restlichen Wein und den ge-

kochten Weichseln gut kühlen. Bei Bedarf nachzuckern. Mit Zitrusfruchtschale und Minze dekorieren.

Kalte Weichselsuppe eins

In unseren Breiten etwas aus der Mode gekommen, ist sie in Osteuropa noch als sommerliches Mittagessen gebräuchlich, oft mit Sauerrahm serviert. Für viele beginnt der Sommer erst mit der ersten Weichselsuppe. In Ungarn bekommt man sie sogar als Packerlsuppe – mit 1,2 % Weichselgehalt. Nicht traditionell, aber genial ist der Ersatz der Milch durch Kokos- oder Mandelmilch.

Für Ungeduldige: Die Suppe ist auch warm hervorragend.

400 g entsteinte Weichseln • ca. 100 g Zucker • 1 Zitrone in Scheiben • 4 Gewürznelken • 1 Zimtstange • 1 Prise Salz • 20 g Mehl • 120 ml (Kokos- oder Mandel-)Milch

Weichseln in 1 l Wasser mit den Gewürzen ca. 8 Minuten weich kochen. Gewürze entfernen, Weichseln nach Belieben pürieren. Mehl klumpenfrei in die Milch rühren (ein Pürierstab leistet hier gute Dienste), zur Suppe hinzufügen und 4 Minuten kochen.

Kalte Weichselsuppe zwei

Diese Version ist seltener, doch wesentlich eleganter.

Die Suppe wie oben, jedoch ohne Mehl zubereiten. Sobald die Weichselmilch beinahe kocht, 1–2 Dotter einrühren und bei sehr milder Hitze unter stetem Rühren etwas andicken lassen.

Eingelegte Gurken mit Weichselblättern

Das Geheimnis unserer Vorfahren, die Gurken schön knackig zu erhalten, ist hiermit gelüftet: Weichselblätter. In England verwendete man auch Stiele. Weichseln lassen sich ebenso auf diese Weise einlegen. Die Lake der vergorenen Version dient in Russland und der Ukraine seit dem Mittelalter als Basis für Rassolnik, einer Suppe mit Gemüse, Fleisch oder Fisch und Buchweizen oder Gerste, und Soljanka, einen würzigen Eintopf.

2 kg kleine feste Gurken • 100 g Salz • 1 große Handvoll Weichselblätter • 1 Zwiebel in Ringen oder 4 Knoblauchzehen in Scheibchen • 1 Stängel Dill, möglichst mit Blüte • 2 Stämmchen Estragon • 1 TL Senfkörner • 1 TL Pfefferkörner

Gurken sorgfältig waschen, trocknen; Stiele zurückschneiden, ohne die Schalen zu verletzen. Boden eines großen Glases oder Steinguttopfs mit einigen Weichselblättern auslegen. Abwechselnd Gurken, Zwiebel oder Knoblauch, Kräuter, Senfkörner, Pfeffer und Weichselblätter dicht in das Gefäß schlichten. 2 l Wasser mit Salz aufkochen. Für die Basisversion Gurken mit heißem Sud komplett übergießen, Gefäß verschließen und kühl lagern. Für die milchsauer vergorene Variante Gurken mit abgekühltem Sud übergießen. Mit einem Teller unter die Flüssigkeitsoberfläche drücken. Gefäß mit einem Tuch bedeckt 2–3 Tage an einem warmen Ort stehen lassen. Weiße Schicht an der Oberfläche abschöpfen oder mit Küchenpapier absaugen, Glas verschließen und kühl lagern.

Weichseloliven

Ganz im Sinne der Rückkehr zu regionalen Nahrungsmitteln ist dieses Rezept auch eine gute Methode, bittere und kleinfrüchtige Sorten reizvoll zu verarbeiten.

1 kg kleine Weichseln • 250 ml Apfelessig • 1 EL Salz • 1 EL Zucker • 1 Knoblauchzehe • 1–2 Zweige Thymian • 1 Lorbeerblatt

Weichseln sorgfältig waschen, trocknen und in Gläser schlichten. Übrige Zutaten mit 250 ml Wasser aufkochen; abgekühlt über die Weichseln gießen. Bei Bedarf mit Essig auffüllen. Dicht verschlossen mindestens 3 Monate ziehen lassen. Nach Wunsch abgetropft in Öl einlegen und den Sud für Dressings verwenden. Wie Oliven gut in Salaten oder Ratatouille.

Weichselrelish

Ein in den USA beliebter traditioneller süßsaurer Farbtupfen zum Thanksgiving-Dinner. Sehr fein auch zu geräuchertem Fisch, zu Geflügel oder Käse. Hier meine Version.

700 g entsteinte Weichseln • 80 g Dörrzwetschken • 300 ml Essig nach Wahl • 120 g Zucker • 60 g Honig • 1 kleine Zimtstange • 2 Gewürznelken • 2 Kardamomsamen oder 1 TL Koriandersamen

Weichseln und Zwetschken zerkleinern. Mit den übrigen Zutaten (Gewürze im Leinensäckchen) ca. 35 Minuten dickflüssig einkochen. Gewürze entfernen. Brennheiß in kleine Gläser abfüllen. Dicht verschlossen kühl und dunkel mindestens 2 Wochen reifen lassen.

Weichselchutney

Das vorangegangene Rezept lässt sich erweitern.

Wie oben vorgehen, dabei 1 große fein gehackte Zwiebel, 2–3 fein gehackte Knoblauchzehen, 1 TL Senfkörner und 1 Prise Chili mitkochen.

Weichselsenf

Das perfekte Gastgeschenk, nicht nur zur Grillparty.

150 g entsteinte Weichseln • 80 ml Rotweinessig • 50 ml Portwein • 1–2 EL Honig • 1 EL gemahlene Senfkörner • je 1 zarte Prise Estragon und gemahlene Muskatnuss • Salz • Pfeffer • Chili nach Belieben

Weichseln mit Essig, Portwein, Honig und Senfkörner 6–7 Minuten kochen. Pürieren, würzen, nochmals aufkochen. Brennheiß in kleine Gläser füllen. Dicht verschlossen kühl und dunkel lagern.

Weichselpfeffer

Eine historische Beigabe zu Schweinsbraten, Selchrippen, frischer Zunge, Knödeln und Grießschmarrn.

250 g entsteinte Weichseln • Zucker nach Geschmack • 2 Gewürznelken • 1 Stück Zitronenschale • 2–3 EL Brösel • 2 TL Butter oder Öl (ursprünglich Rindertalg) • 50 ml Rum • 1 Prise Zimt

Weichseln mit Zucker 30 Minuten Saft ziehen lassen. Mit Nelken und Zitronenschale knapp weich dünsten. Brösel im Fett anschwitzen. Weichseln samt Sud, Rum und Zimt einrühren.

Pikante Weichselsauce mit Mandeln

Einstmals gerne zu Fleisch, vor allem Frischling, gereicht, wurde die Sauce in der klassischen Version – wie so oft – mit Zimtrinde, Gewürznelken sowie Zitronenschale gewürzt und mit Stärke gebunden. Fad – hier daher eine meiner Versionen, die mit jeder Art Nussmus köstlich ist.

2 Handvoll getrocknete Weichseln mit Stein • 300 ml Rotwein • 2 Zimtblüten • 1 getrocknetes Limettenblatt • ½ Lorbeerblatt • 1–2 TL Honig • 1 Prise Salz • 50 g Mandelmus

Weichseln entsteinen und im Rotwein erweichen. Steine im Mörser zerkleinern und mit den Gewürzen in ein Mullsäckchen geben. Wer weniger Bittermandelaroma wünscht, verwendet weniger Steine. Weichseln mit Rotwein, Steinen, Gewürzen, Honig und Salz 5 Minuten kochen. Steine, Blüten und Blätter entfernen. Sauce pürieren, mit Mandelmus binden und sofort servieren.

Fesenjan
Persische Walnusssauce

Dieser persische Klassiker zu Geflügel und Lamm wird meist mit Granatapfelmelasse zubereitet. Doch wie Claudia Roden, die Grande Dame der Küche des Mittelmeers und des Mittleren Ostens verrät, geben viele Familien der Sauce mit Weichseln den Kick. Ich finde diese Version jedenfalls (noch) reizvoller.

200 g entsteinte Weichseln • 1 EL Zucker • 1 fein gehackte Zwiebel • 1 EL Öl • 2 fein gehackte Knoblauchzehen • 250 g fein geriebene, nach Wunsch geröstete Walnüsse • je 1 Prise Zimt und Muskatnuss • Salz • Pfeffer

Weichseln pürieren; mit dem Zucker zu einer dicken Paste kochen. Zwiebel in Öl sanft weich braten. Knoblauch kurz mitbraten. Walnüsse, Weichselpaste, 200 ml kochendes Wasser oder Suppe und Gewürze hinzufügen. Bei milder Hitze 25 Minuten kochen. Das gewünschte Fleisch kurz scharf anbraten, in die Sauce legen und unter gelegentlichem Rühren garen. Die Sauce soll sehr dick werden. Bei Bedarf etwas Flüssigkeit nachgießen. Traditionell darf das Gericht bis zum folgenden Tag durchziehen, bevor es sanft wieder erwärmt wird.

Scharfe rosa Weichselsauce

Fruchtige Exotik zu gegrilltem oder gebratenem Gemüse, Fisch und hellem Fleisch.

300 ml Weißwein • 1 kleine fein gehackte Zwiebel • 1 TL geriebene Limettenschale • 1 Prise brauner Zucker • 1–2 TL rosa Beeren • 150 g entsteinte Weichseln • 1 EL Kokospaste oder Crème fraîche • Salz

Wein mit Zwiebel, Zitronenschale, Zucker und rosa Beeren auf die Hälfte einkochen. Weichseln klein schneiden und 5 Minuten mitkochen. Sauce pürieren, aufkochen, Kokospaste einrühren, mit Salz abschmecken.

Weichseln in Essig

Besonders fein zu Horsd'œuvres und dunklem Fleisch. Der Essig ergibt feinfruchtige Marinaden und Saucen. Hier die klassische Methode, die ein besonders intensives Aroma erzeugt.

1 l Essig nach Wahl • ca. 200 g Zucker • 3 Gewürznelken • 1 Stück Zimtstange • 1 Prise geriebene Muskatnuss • 1 kg Weichseln

Essig, Zucker, Nelken, Zimt und Muskatnuss aufkochen. Weichseln mit einer dicken Nadel mehrmals einstechen. Mit dem lauwarmen Essig übergießen. Zugedeckt 2 Tage ziehen lassen, abseihen, Essig kräftig aufkochen und lauwarm über die Weichseln gießen. Nach weiteren 2 Tagen Essig nochmals aufkochen. Weichseln in kleine Gläser füllen, mit dem Essig bedecken und gut verschlossen 2 Wochen ziehen lassen. Kühl und dunkel lagern.

Senfweichseln

Der Klassiker wird ohne Estragon gemacht, doch ich finde, ein wenig Raffinesse ist durchaus erlaubt. Hervorragend zu Horsd'œuvres, gegrilltem Gemüse oder Fleisch sowie Käse.

250 ml Weißwein • 250 ml Apfelessig • ca. 250 g Zucker • 700 g entsteinte Weichseln • 1 knapper TL Senfpulver • 1–2 TL getrockneter Estragon

Wein, Essig und Zucker kochen, bis sich der Zucker auflöst. Weichseln in Gläser füllen. Sud zu dünnem Sirup kochen, Senf und Estragon einrühren. Über die Weichseln gießen. Gut verschlossen kühl und dunkel aufbewahren.

HAUPTGERICHTE

Grüne Mini-Soufflés mit karamellisierten Weichseln

Eigentlich zu schön zum Aufessen, aber gelichzeitig zu verlockend, um sie bloß anzusehen.

400 g grüner Spargel oder Erbsen • 1 EL Butter • 3 EL Brösel • 2 Eier • 3 Frühlingszwiebeln • 1 Knoblauchzehe • je 1 Prise Salz, Pfeffer, Fenchelsamen, Estragon, Backpulver • 2 EL Mehl • 40 g geräucherter Schafkäse in Würfeln • 3 EL Zucker • 70 ml roter Portwein • 100 g entsteinte Weichseln

Backofen auf 200 °C (Ober-/Unterhitze) vorheizen. Spargel oder Erbsen in kochendem Salzwasser blanchieren. Abkühlen lassen. 4 Soufflèförmchen buttern, mit Bröseln ausstreuen. Vom Spargel die Spitzen abschneiden. Eier trennen. Spargel, Zwiebeln, Knoblauch, Gewürze, Backpulver, Mehl und Dotter im Mixer pürieren. Eiklar mit einer Prise Salz zu weichen Spitzen schlagen; ¼ des Schnees sanft, aber flott unter die Gemüsemasse ziehen, danach den Rest. Förmchen bis fingerbreit unter den Rand füllen. Käsewürfel leicht in den Teig drücken. Ca. 25 Minuten flauschig und goldgelb, aber noch saftig backen. Zucker hell karamellisieren, mit Portwein löschen. Weichseln darin bissfest kochen. Mit Salz und kräftig Pfeffer abschmecken. Soufflés mit den Spargelspitzen, falls verwendet, und den Weichseln servieren.

Gnocchi mit Weichseln und Eierschwammerln

Eine sommerfrische Kombination aus Obstgarten und Wald

450 g festkochende Kartoffeln • ca. 120 g Mehl • Salz • 1 zarte Prise Muskatnuss • 1 Ei • 2 EL Butter oder Öl • 3 gehackte Schalotten • 500 g geputzte, grob zerkleinerte Eierschwammerln • 150 g entsteinte Weichseln • 1 Prise Zucker • Pfeffer • 2 Stängel Dill oder Petersilie

Kartoffeln in der Schale kochen, heiß schälen und passieren. Mehl mit Salz und Muskatnuss mischen. Davon einen Großteil mit den Kartoffeln und dem Ei zu einem leicht klebrigen Teig kneten. Daraus auf bemehlter Arbeitsfläche eine Rolle formen. In 3 cm lange Stücke schneiden. Teigstücke auf die Zinken einer Gabel (nahe der Spitze) drücken und flott Richtung Gabelgriff schnippen, sodass sie von der Gabel fallen. In einem breiten Topf portionsweise in kochendem Salzwasser sanft garen. Nach dem Aufschwimmen 10 Sekunden weiter ziehen lassen. Mit einem Schaumlöffel herausheben. Fertige Gnocchi kurz vor dem Servieren in 1 EL Fett zart anrösten.

Für die Sauce Schalotten in 1 EL Fett weich dünsten. Die Eierschwammerln mitrösten, bis die Flüssigkeit verdampft. Die Weichseln kurz mitbraten. Mit Salz, Zucker und Pfeffer abschmecken. Gnocchi auf Teller häufen, eine Mulde in die Mitte drücken und mit der Sauce füllen. Mit Kräutern bestreuen.

Kürbiskernrolle mit Weichseln

Warm oder kalt ein Genuss, der auch auf Buffets gierige Blicke anzieht.

40 ml Kürbiskernöl • 4 Eier • je 1 Prise Majoran oder Thymian, Salz, Pfeffer • 80 g Mehl • 1 Prise Backpulver • 3 fein gehackte Frühlingszwiebeln • 1 EL Öl • 100 g entsteinte Weichseln • 1 TL Honig • 1 TL geriebene Zitronenschale • 120 g Sauerrahm • 200 g Käse in hauchdünnen Scheiben • 2 EL geröstete, grob gehackte Kürbiskerne

Backofen auf 180 °C (Ober-/Unterhitze) vorheizen. Backblech mit Backpapier auslegen. Eier trennen. Öl mit Dottern und Gewürzen schaumig schlagen. Mehl mit Backpulver mischen. Eiklar zu steifem Schnee schlagen und abwechselnd mit dem Mehl unter die Ölmasse ziehen. Masse gleichmäßig auf dem Blech verteilen. Ca. 12–15 Minuten backen. Frühlingszwiebeln im Öl weich dünsten, mit Weichseln, Honig und Zitronenschale 5 Minuten sanft kochen; pürieren. Die Hälfte der Weichseln abkühlen lassen und mit dem Sauerrahm verrühren. Fertiges Ölbiskuit noch heiß mit dem Käse belegen. Restliche Weichseln heiß darauf verteilen. Teig eng mithilfe des Backpapiers zusammenrollen. In Scheiben geschnitten mit dem Weichselrahm und Kürbiskernen sofort servieren.

Orientalisches Omelett

Rasch zubereitet, nach Lust und Laune variierbar, fleischlos ebenso fein, außerhalb der Saison auch mit getrockneten Weichseln ein Gedicht. Anstelle der Pistazien sind Pignoli oder Haselnüsse ebenso köstlich.

400 g Rindfleisch (Gulaschfleisch) • 200 g entsteinte Weichseln • 2 Frühlingszwiebeln • 20 g geröstete Pistazien • ½ EL Thymian • ½ EL Oregano • Salz • Pfeffer • 3 EL Öl • 8 Eier • 1 Prise Muskatnuss • 1 Prise eingeweichter Safran • Petersilie

Fleisch mit Weichseln, Frühlingszwiebeln und Pistazien möglichst klein hacken. Mit Kräutern, Salz und Pfeffer würzen. In 1 EL Öl weich dünsten.

Eier mit Muskat, Safran, Salz und Pfeffer kräftig schlagen. Daraus im restlichen Öl 4 Omeletts backen und auf vorgewärmte Teller gleiten lassen. Das Fleisch darauf verteilen. Mit Petersilie bestreut servieren.

Saiblingsfilets mit grünem Spargel und rosa Weichselsauce

Ein sehr elegantes Spiel der Farben und Aromen.

800 g grüner Spargel • 3 EL Butter • 100 ml Gemüsesuppe • 4 Saiblingsfilets mit Haut • 4 EL Olivenöl • Salz • weißer Pfeffer • 4 Stängel Petersilie • rosa Weichselsauce (Seite 33)

Die unteren Enden der Spargelstangen abbrechen. Butter in einer Pfanne schmelzen. Spargel darin anbraten. Suppe zugießen und den Spargel bissfest dünsten. Mit Salz und Pfeffer abschmecken.

Fischfilets an der Hautseite mehrmals anritzen und im Öl beidseits braten. Salzen und pfeffern. Petersilienstängel kurz im Öl mitbraten, danach herausheben.

Den Fisch mit dem Spargel auf vorgewärmten Tellern anrichten. Den Fischbratensatz mit der Kochflüssigkeit des Spargels rasch aufkochen und über den Fisch gießen. Dazu die Sauce mit der gebratenen Petersilie garniert sofort servieren.

Hase in Weichselsauce

Ein herrlich erfrischendes, aromatisches Rezept für heiße Sommertage.

1 Hase in Stücken • Salz • Pfeffer • 1 EL Mehl • 1 EL geklärte Butter • 150 ml gute Suppe • 250 g entsteinte Weichseln • 1 EL Kapern • 1 EL Honig • 2 Stängel Petersilie • 1 Zweig Thymian • 2 Lorbeerblätter • Weichselsaft bei Bedarf • 4 EL Obers (optional) • einige Weichseln zum Dekorieren

Das Fleisch salzen und pfeffern; in Mehl wenden und in der Butter kräftig anbraten. Mit Suppe ablöschen. Mit

Weichseln, Kapern, Honig und Kräutern 90 Minuten bei milder Hitze mit Deckel schmoren. Das Fleisch wiederholt mit der Sauce begießen. Bei Bedarf Weichselsaft zugießen, die Sauce sollte jedoch nicht zu dünn werden (notfalls etwas einkochen). Nach Wunsch die Sauce mit Obers verrühren und den Hasen damit begießen. Sofort mit Weichseln bestreut servieren.

Canard à la Montmorency
Ente mit Weichseln und Weichselbrand

Für dieses Gericht existieren unzählige Rezepte, die ich zu meiner Idealversion »verbraten« habe. Kalt und warm ein Gedicht. Beim Kühlen bildet sich ein feines Aspik.

1 Ente mit Innereien (ca. 1,8 kg) • Salz • 1 Stange Lauch • 1 Zwiebel • 1 Karotte • 1 Stange Sellerie • 1 Knoblauchzehe • 50 g Butter • 1 Prise Zucker • Geflügelsuppe • 1 Bouquet aus Thymian, Petersilie und Lorbeer • 1 Wacholderbeere • 1 Msp. gemahlener Zimt • Pfeffer aus der Mühle • 600 g entsteinte Weichseln • 2 EL Weichselbrand

Backofen auf 180 °C (Ober-/Unterhitze) vorheizen. Ente ausnehmen, zerteilen, salzen und im Ofen ca. 45 Minuten braten. Fett abschöpfen. Gemüse sehr fein hacken und in etwas Butter bei milder Hitze andünsten. Die Innereien 6–7 Minuten mitbraten, bis sie Farbe annehmen. Mit dem Zucker weitere 3–4 Minuten karamellisieren lassen. Suppe zugießen, Gewürze hinzufügen und die Mischung auf das halbe Volumen einkochen. Pürieren und abschmecken. Weichseln mit der restlichen Butter erwärmen, mit Weichselbrand flambieren und 2 Minuten dünsten. Ente auf einer heißen Servierplatte anrichten, mit der Sauce begießen. Weichseln darüberstreuen.

Kalbsröllchen am Spieß

Rasch gemacht, sehr dekorativ und natürlich köstlich. Diese Spießchen eignen sich auch für Buffets.

4 Kalbsschnitzel à 180 g • 2 EL getrocknete Weichseln • 1 EL Butter • 1 kleine Knoblauchzehe • Estragon nach Geschmack • 1 zarte Prise Zimt • Salz • rosa Beeren • Öl zum Braten

Das Fleisch in fingerbreite Streifen schneiden. Die Weichseln mit Butter, Knoblauch und Gewürzen im Mixer fein pürieren. Das Fleisch mit der Masse bestreichen und einrollen. Die Röllchen auf Spieße stecken und beidseits scharf anbraten. Bei milderer Hitze 5 Minuten fertig braten, dabei häufig mit dem Bratensaft begießen.

Warm auf Reis mit gerösteten Mandelsplittern oder kalt auf Vogerlsalat mit Haselnussöl servieren.

Marinierte Schweinsrippchen

Auch einfache Rippchen lassen sich reizvoll zubereiten.

1 kg Schweinsrippchen • 1 l Apfelmost • 50 g getrocknete Weichseln • 4 Knoblauchzehen • 1 Prise Fenchelsamen • Salz • Pfeffer • Öl zum Bestreichen • Petersilie

Rippchen gut bedeckt mit Most, Weichseln, Knoblauch, Salz und Pfeffer 12 Stunden ziehen lassen, danach trocken tupfen und mit Öl einpinseln. Die Marinade auf großer Flamme auf ¼ des Volumens einkochen. Die Rippchen bei mittlerer Hitze unter mehrmaligem Wenden grillen oder braten. Mit der eingekochten Marinade und Petersilie servieren.

Albalu Polo
Persischer Reis mit Sauerkirschen, Pistazien und Lamm

Ein Traum aus 1001 Nacht. Die persische Methode, Reis zu kochen, ergibt eine wunderbare Kruste. Sie hat sogar einen eigenen Namen: tahdig, Untertopf. Statt Joghurt kommt mitunter auch Ei zum Einsatz. Wichtig für das Gelingen ist ein schwerer Topf mit gutem Boden. Ohne Fleisch zubereitet dient der Reis als Beilage.

3 Tassen Basmatireis • Salz • 1 kräftige Prise Safran • 1 EL Zucker • 3 EL Öl • 1 fein gehackte Zwiebel • 400 g Lammfleisch in kleinen Würfeln • Pfeffer • 2–3 TL Advieh (persische Gewürzmischung aus Zimt, Muskatnuss, Kardamom, Kreuzkümmel und Rosenblättern) • 350 g entsteinte Weichseln • 4 EL mildes Joghurt • 2 EL grob gehackte Pistazien

Reis sorgfältig waschen. Mit gesalzenem Wasser großzügig bedeckt 5 Stunden stehen lassen. Safran mit 1 Prise Zucker mörsern. Mit 3 EL kochendem Wasser begießen. Reis in frischem kochenden Salzwasser 5 Minuten körnig garen; in ein Sieb gießen und kalt spülen. 1 EL Öl erhitzen. Zwiebel darin goldbraun braten. Fleisch bei kräftiger Hitze mitbraten, bis der Fleischsaft verdampft. Mit Salz, Pfeffer und Advieh würzen. Weichseln mit restlichem Zucker aufkochen, abtropfen lassen. Saft auffangen und zu Sirup einkochen. 1 TL Safranwasser mit 3 EL vom Reis mischen, knapp mit kochendem Wasser bedecken und in ein dickes Tuch gewickelt ziehen lassen. 1 kleinen Schöpfer Reis mit restlichem Safran und Joghurt mischen. Den Boden des Topfs mit einer dünnen Schicht Wasser bedecken. Restliches Öl hinzufügen. Den Topf schwenken, damit sich Öl und Wasser ein wenig vermischen. Den Joghurtreis darauf verteilen. Eine fingerdicke

Schicht Fleisch und Zwiebel darauf verteilen. Mit einer fingerdicken Schicht Weichseln belegen. Weiter abwechselnd Reis, Fleisch und Weichseln kegelförmig so in den Topf schichten, dass lediglich die Reis-Joghurt-Schicht die Topfwände berührt. Mit Reis abschließen. Den Sirup darüberträufeln. Mit einem Kochlöffelstiel 5 Löcher in den Reis stechen, damit der Dampf aufsteigen kann. Dabei die Joghurtschicht nicht verletzen. Auf starker Flamme mit dicht schließendem Deckel 10 Minuten (nicht länger) kochen. Deckel mit einem Tuch abdichten. Hitze stark reduzieren und den Reis ca. 45 Minuten dämpfen. Topf auf einem feuchten Tuch 5 Minuten stehen lassen, um die Kruste zu lösen. Auf eine große Servierplatte stürzen, mit dem Safranreis und Pistazien bestreuen; oder die Reismischung auf eine Platte schöpfen, die Kruste getrennt in kleine Stücke gebrochen servieren. Mit Safranreis und Pistazien dekorieren.

Rehkeule mit schwarzer Sauce

Die Sauce ist inspiriert vom Kochbuch der Sabina Welserin aus dem 16. Jh., das in seiner Qualität durchaus an das Werk ihrer berühmteren Verwandten Philippine heranreicht. Im Original wird die Sauce mit Mehl gebunden zu Wildschweinkopf serviert.

700 g Rehkeule • 2 EL Öl • Salz • Pfeffer • 5 EL Lebkuchenbrösel • Rotwein • Weichselsirup • 2 EL getrocknete Weichseln • Zucker nach Geschmack • je 1 Prise Ingwer, Gewürznelken, Zimt • 2 EL fein gehackte geröstete Mandeln

Backofen auf 210 °C (Ober-/Unterhitze) vorheizen. Fleisch allseits kräftig im Öl anbraten, salzen und pfeffern. Im Ofen ca. 20 Minuten braten. Lebkuchenbrösel mit Wein, Sirup, Weichseln und Gewürzen bei milder

Hitze zu einer cremigen Sauce kochen. Mit Pfeffer abschmecken. Reh mit Sauce anrichten und kurz vor dem Servieren mit Mandeln bestreuen.

Eifeltürmchen

Dass Rezept ist inspiriert von Martina Kempffs höchst amüsantem Eifel-Krimi *Kehraus für eine Leiche*, in dem gerne gut gegessen wird. Frappierend, dass auch sie damals auf die Kombination von Weichseln und Eierschwammerln gekommen ist, obwohl wir voneinander noch nichts wussten. Genial dazu ihr Hirsch mit Walnüssen.

2 TL Butter oder Öl • 500 g Hirschfilet • Weichseln mit Eierschwammerln (Seite 35) • 1 Ei • Salz • Pfeffer • 3 EL grob gehackte Walnüsse • 600 g gekochte, geschälte mehlige Kartoffeln • 4 Dotter • 20 g Butter • Muskatnuss • 4 Stämmchen Petersilie • Öl zum Braten

Backofen auf 200 °C (Ober-/Unterhitze) vorheizen. Ein Stück Alufolie fetten und zu einer kleinen Wanne formen, in die das Filet passt. In das Filet mittig längs eine Tasche schneiden und mit Weichselmasse füllen. Ei mit Salz und Pfeffer aufschlagen. Filet darin wenden; in den Walnüssen wälzen, 5 Minuten vor Fertigstellung der Kartoffelringe in den Ofen stellen. Ein Backblech mit Backpapier auslegen. Kartoffeln flott durch die Presse drücken. Mit 3 Dottern, Butter, Salz und Muskatnuss mischen. Masse in 4 Ringen (Innendurchmesser entspricht der Dicke des Filets) auf eine Seite des Blechs dressieren, mit restlichem Dotter bestreichen, Folie mit Filet dazulegen und 20 Minuten backen. Petersilie einige Sekunden im sehr heißen Fett braten. Filet in 4 Stücke teilen, aufrecht in die Kartoffelringe stellen. Petersilie als Fahne aufstecken. Restliche Weichseln und Eierschwammerln dazu reichen.

Roher Weichselaufstrich

Ohne Kochen, daher blitzschnell gemacht, mit vollem Vitamingehalt. Besonders erfrischend durch Birkenzucker. Fein auch zu Desserts sowie als Füllung für Kuchen und Tartelettes.

250 g frische oder tiefgekühlte Weichseln ohne Stein • Birkenzucker nach Geschmack • 2 EL Flohsamenschalen • etwas geriebene Zitronen- oder Orangenschale • 1 Prise gemahlene Zimtblüten

Alle Zutaten im Mixer pürieren und 20 Minuten quellen lassen. Fertig! Der Aufstrich hält gekühlt in gut verschlossenen Gefäßen 2–3 Tage.

Weichselmus

Flott gemacht. Schmeckt einfach so oder zu pikanten und süßen Speisen.

350 g entsteinte Weichseln • 50 ml Weichselsaft • 50 g Zucker • 1 Prise Zimt • 1 Stück Orangenschale

Alle Zutaten aufkochen und bei milder Hitze 5 Minuten simmern. Orangenschale entfernen. Weichseln pürieren.

Weichsel-Joghurt-Eiscreme

500 g Joghurt • 100 g Zucker • Weichselmus (s. oben) • 50 ml geschlagenes Obers • Weichseln zum Dekorieren

Joghurt, Zucker und Weichselmus verrühren, Schlagobers unterheben. Masse mindestens 4 Stunden tiefkühlen. Dazwischen gelegentlich aufrühren. Mit Weichseln dekoriert servieren.

Weichselgranita mit marinierter Melone

Ferienlaune garantiert! Die Granita passt sehr gut zu Horsd'œuvres, vor allem Geflügel, Wild und Leber.

100 ml Weißwein • 70 g Zucker • 1 Zweig Rosmarin • 500 ml Weichselsaft • 300 g Zuckermelonenfleisch • 1 EL Honig • 2–3 EL Limettensaft • Mark von ½ Vanilleschote

Weißwein mit Zucker und einigen Rosmarinnadeln erwärmen, bis sich der Zucker auflöst. Weichselsaft einrühren. Mischung in einem flachen Gefäß 2 Stunden gefrieren, dabei mehrmals mit einer Gabel auflockern.

Melonenfleisch in Bällchen oder hübsche Stücke schneiden. Mit den übrigen Zutaten mischen und gut bedeckt mindestens 1 Stunde kühlen.

Granita in gekühlten Schalen mit Melone und frischem Rosmarin servieren.

Rasches Weichselsorbet

Natur pur. In entsprechende Formen gefüllt auch als Stieleis verlockend.

500 g entsteinte Weichseln • 1 große Banane in Scheiben • 40 g Honig

50 g Weichseln in kleine Stückchen schneiden. Restliche Zutaten pürieren, Stückchen einrühren und 3 Stunden tiefkühlen. Zwischendurch gelegentlich aufrühren, im Falle von Stieleis in Ruhe lassen.

Cremedessert mit Weichseln in Earl Grey

Mehr Superfood geht nicht!

400 ml Vollmilch • 250 ml Joghurt • 1 Prise Kurkuma • 8 EL fein geschrotete Chiasamen • 2 EL Orangenblütenhonig • 1 TL Earl-Grey-Tee • 300 g entsteinte Weichseln • Thymianblätter

Milch, Joghurt, Kurkuma, 7 EL Chiasamen und 1 EL Honig verrühren. In Dessertschalen im Kühlschrank mindestens 3 Stunden stocken lassen.

Tee mit 50 ml kochendem Wasser überbrühen, 8 Minuten ziehen lassen, filtern. Weichseln mit Tee, 1 EL Chiasamen und 1 EL Honig pürieren; 2 Stunden kühlen. Dezent mit Thymian bestreut zur Creme servieren.

Leichte Weichseltorte mit Cointreau

Ein erfrischender Blickfang.

250 g Amaretti • 80 g geschmolzene Butter • 4 EL Cointreau oder anderer Orangenlikör • 1 zarte Prise gemahlene Koriandersamen

Eine Springform mit Backpapier auslegen. Amaretti im Mixer zerbröseln. Mit den übrigen Zutaten mischen. Masse auf den Boden und die Seitenfläche der Form fest andrücken und 1–2 Stunden kühlen.

1 Packung Gelatinepulver oder Agar-Agar • 400 g Topfen (20%) • 250 ml Sauerrahm • 3 EL Blütenhonig • Mark von 1 Vanilleschote • fein geriebene Schale von 1 Zitrone • 4 EL Cointreau oder anderer Orangenlikör • 250 g entsteinte Weichseln • 250 ml geschlagenes Schlagobers • 6 EL Weichselmarmelade • frische Melisse

Gelatine oder das Agar-Agar nach Packungsanweisung vorbereiten. Topfen mit Sauerrahm, Honig, Milch, Vanille, Zitronenschale und Likör kräftig verrühren. Einige Esslöffel der Topfenmasse in das Geliermittel rühren. Diese Mischung mit der restlichen Topfenmasse mischen. Schlagobers unterziehen. Marmelade locker einmischen, sodass eine Marmorierung entsteht. Masse gleichmäßig auf dem Keksboden verteilen. Die Hälfte der Weichseln darauflegen und sanft in die Masse drücken. Torte 4–5 Stunden kühlen.

Rand der Springform entfernen. Backpapier abziehen. Restliche Weichseln auf der Torte verteilen. Nach Wunsch ein wenig Staubzucker darüberstreuen. Mit Melisse garniert servieren.

Der Likör ist durch Orangensaft ersetzbar, die ausgekratzte Vanilleschote zum Aromatisieren von Staubzucker geeignet.

Weichseleistorte mit Cantuccini

Eine köstliche Erfrischung mit reizvollen Farbschattierungen.

Für eine Springform mit 20 cm Ø: 200 g Cantuccini • 100 g geschmolzene weiße Schokolade • doppelte Menge Weichselsorbet (Seite 45) • doppelte Menge Weichsel-Joghurteiscreme (Seite 44) • 14 Weichseln mit Stiel • 1 leicht geschlagenes Eiklar • ca. 50 g Feinkristallzucker • 6 EL Weichselmus (Seite 44) • frische Minze

Rand der Springform mit einem Backpapierstreifen auslegen. Cantuccini im Mixer fein zerbröseln, mit der Schokolade mischen, auf dem Boden der Form verteilen und 30 Minuten kühlen. Zutaten für das Sorbet im Mixer pürieren, auf dem Tortenboden verteilen und 1 Stunde tiefkühlen. Eiscrememasse auf dem Sorbet verteilen und 4 Stunden tiefkühlen.

Weichseln in das Eiklar tauchen, im Zucker wälzen und trocknen lassen.

Eine ½ Stunde vor dem Servieren die Torte vom Tiefkühler in den Kühlschrank transferieren. Weichselmus auf der Oberfläche verteilen und seitlich herabrinnen lassen. Mit den kandierten Weichseln und Minze dekorieren.

Mohnsoufflé mit Weichselchaudeau

In historischen Kochbüchern wird kaum eine Speise häufiger falsch geschrieben als das Chaudeau. Zu meinen Favoriten zählt *Château* für den Schaum, der mir nie so fest gelang, dass ich daraus ein Schloss hätte bauen können.

40 g frisch gemahlener Mohn • Butter und Zucker für die Förmchen • 3 Eier • 70 g Butter • 80 g Zucker • Vanille • 1 Prise Zimt • 1 EL geriebene Mandeln • 2 cl Rum • 1 TL Stärke • 400 g entsteinte Weichseln • 4 Dotter • 120 g Zucker • 2 EL Marsala • ½ TL geriebene Mandarinenschale

Mohn kurz ohne Fett anrösten und abkühlen lassen. 4–6 Förmchen buttern, mit Zucker ausstreuen und ausklopfen. Backofen auf 180° C (Ober-/Unterhitze) vorheizen.

Eier trennen. Butter mit 60 g Zucker, Vanille und Zimt sehr schaumig rühren. Dotter einzeln einrühren, danach Mohn, Mandeln und Rum. Eiklar halbfest schlagen, danach mit dem restlichen Zucker sehr steif schlagen. Schnee und Stärke unter die Mohnmasse heben. Förmchen mit der Masse bis fingerbreit unter den Rand befüllen. In einem zu ⅔ mit heißem Wasser gefüllten, tiefen Backblech auf der unteren Schiene ca. 25 Minuten garen.

In der Zwischenzeit Weichseln zerkleinern und entsaften. Dotter mit Zucker, Marsala und Mandarinenschale schaumig schlagen. Mit dem Weichselsaft über Wasserdampf zu feinem Schaum aufschlagen.

Soufflés stürzen und sofort mit dem Chaudeau servieren.

Pharaonentraum

Dieses Dessert hätte nicht nur Nofretete und Kleopatra gefallen.

400 g entsteinte Weichseln • 300 ml Rotwein • ca. 100 g Zucker oder Honig • Schale von je ½ Orange und Zitrone • 1 winzige Zimtstange • ½ Sternanis nach Belieben • 2 Eier • 60 g gemahlene Mandeln • 1 EL Staubzucker • 1 Msp. Mahlab • Vanille • 1–2 EL geschmolzene Butter • 8 Quadrate Strudelteig (30×30 cm) • 1 EL geröstete Mandelsplitter

Weichseln im Wein mit 50 g Zucker, Zitrusfruchtschalen, Zimt und Anis einige Minuten pochieren. Aus dem Sud heben und gut abtropfen lassen. Backofen auf 175 °C (Ober-/Unterhitze) vorheizen. Backblech mit Backpapier belegen. Eier trennen. Mandeln mit Staubzucker, Mahlab, 1 Dotter und Vanille mischen. Eiklar zu steifem Schnee schlagen und unter die Mandelmasse heben. Teigstücke mittig mit Butter, die Ränder mit Dotter bestreichen. Jeweils 2 Teigstücke übereinander legen. In die Mitte Mandelmasse setzen. Weichseln darauf verteilen. Teigspitzen zueinander führen, Teigränder gut verschließen. Pyramiden mit Dotter bestreichen. Auf dem Blech 15 Minuten backen. Weichselsud stark einkochen. Pyramiden direkt aus dem Ofen mit Sud und Mandelsplittern servieren.

Crème Péruvienne

Peruanische Creme – hier mit Weichseln

Augenscheinlich inspirierten die Zutaten zu diesem Namen; das Rezept selbst stammt aus Frankreich. Madame Saint-Ange schwärmt von der wunderbaren Kombination der Aromen, die sie an sehr feine Bonbons erinnert. Noch wunderbarer finde ich sie mit dem erfrischenden Kontrapunkt der Weichseln.

400 ml Milch • 40 g ganze geröstete Kaffeebohnen • Mark von ¼ Vanilleschote • 50 g Zucker • 75 g Bitterschokolade • 3 Dotter • 1 Ei • Weichselmus (Seite 44) oder -sorbet (Seite 45) • 4 dünne Orangenscheiben

Milch aufkochen, Kaffeebohnen darin bei sehr milder Hitze mit Deckel 30 Minuten ziehen lassen; abseihen. Vanille einrühren. Zucker in einem kleinen Topf mit 1 EL Wasser bei milder Hitze sehr zart karamellisieren. Topf in kaltes Wasser tauchen, um den Prozess zu stoppen. Karamell mit 1–2 EL heißem Wasser bei milder Hitze zu einem glatten Sirup rühren. Vom Herd nehmen. Backofen auf 140 °C (Ober-/Unterhitze) vorheizen. Schokolade knapp mit Kaffeemilch bedeckt im Wasserbad schmelzen; in die restliche Kaffeemilch rühren. Karamell hinzufügen. Dotter und Ei verquirlen. Nach und nach sorgfältig in die leicht abgekühlte Milchmischung einarbeiten. 4 feuerfeste Förmchen mit der Masse bis 2 fingerbreit unter den Rand befüllen. Förmchen mit Deckeln oder Mokkauntertassen schließen und auf ein tiefes Backblech stellen. Kochendes Wasser in das Blech gießen. Die Förmchen sollen zu ⅔ im Wasser stehen. Ca. 30 Minuten im Ofen garen. Förmchen einige Minuten rasten lassen, aus dem Wasser heben und ohne Deckel abkühlen lassen, danach gut 2 Stunden kühlen. Förmchen kurz vor dem Servieren mit Weichselmus oder -sorbet auffüllen.

Orangenscheiben bis zur Mitte einschneiden und elegant verdreht aufsetzen.

Weichselbaisers

Eine dekorative Verwertung der Überbleibsel des vorangegangenen Rezepts – funktioniert natürlich auch umgekehrt, woraus sich ein stetes absichtliches Produzieren von Resten ergeben kann.

100 g stark entsaftetes Weichselfleisch • 200 g Staubzucker • 1 Prise gemahlene Zimtblüten • ¼ TL geriebene Orangenschale • 1 EL Stärke • 4 Eiklar

Backofen auf 100 °C (Heißluft) vorheizen. Ein Backblech mit Backpapier auslegen.

Weichseln mit 100 g Staubzucker, Zimtblüten, Orangenschale und Stärke verrühren. Eiklar steif schlagen. Unter stetem Schlagen 100 g Staubzucker einarbeiten. Winzige Häufchen der Weichselmasse auf das Blech setzen. Restliche Weichselmasse unter den Eischnee heben. Schnee in Häufchen auf die Weichselmasse setzen. Etwa 1 Stunde backen (Nadelprobe empfehlenswert). Danach bei geöffneter Tür im Backofen erkalten lassen. Aus dem Ofen nehmen und über Nacht auf dem Blech trocknen lassen.

Monte Maraschino

Edelkastanien und Maraschino sind eine perfekte Kombination.

350 g Edelkastanien, püriert • 50 g Staubzucker • 1–2 TL Maraschino • 100 g Weichselmarmelade • 3 Eiklar • 1 Prise Salz • 175 g Staubzucker • 1 Prise Orangenzeste • einige Maraschinokirschen als Dekor

Edelkastanienpüree mit Zucker und Maraschino verkneten. Zu kleinen Kugeln formen. Auf einem mit Backpapier belegten Blech zu einem Berg auftürmen, dabei jede Schicht mit Marmelade fixieren.

Backofen auf 175 °C (Ober-/Unterhitze) vorheizen. Eiklar mit Salz aufschlagen. Staubzucker portionsweise einschlagen. Den Kastanienberg mit dem Schnee in eleganten Schwüngen überziehen und 20 Minuten sehr hell backen. Mit Orangenzeste und Maraschinokirschen bestreuen.

Beschwipste Weichseln in Karamell und Schokolade

So schön kann bittersüß sein.

50 Weichseln in Kirsch (Seite 52) • 100 g Zucker • 1 EL Honig • 60 ml Obers • 2 EL Butter • ca. 4 cl Saft von Weichseln in Kirsch • Staubzucker für Arbeitsfläche und Dekor • 50 g weiße Schokolade, fein gerieben • 200 g Bitterschokolade • 1 Eiklar • 50 kleine Minzblätter

Weichseln 12 Stunden abtropfen lassen. Ein Backblech mit einer dicken Schicht Staubzucker bestreuen. Zucker mit Honig und 30 ml Wasser bei Mittelhitze unter stetem Rühren erhitzen, bis sich Blasen an der Oberfläche bilden. Ungestört hellbraun werden lassen. Obers erwärmen und in kleinen Portionen einrühren. Vom Herd nehmen und mit 1 EL Butter, danach dem Saft zu einer eher dünnflüssigen Masse verrühren. Weichseln am Stiel fassen und einzeln tunken. Dabei rund um den Stiel einige mm frei lassen, sonst hält später die Schokolade nicht. Getunkte Weichseln auf dem Blech gut trocknen lassen.

Ein weiteres Blech mit Backpapier auslegen; mit weißer Schokolade bestreuen. Bitterschokolade und Butter über einem Wasserbad schmelzen, etwas abkühlen lassen, nochmals schmelzen und die Weichseln einzeln bis über den Stiel tunken. Auf der weißen Schokolade komplett erstarren lassen.

Einen flachen Teller dick mit Staubzucker bestreuen. Ein Backblech mit Backpapier auslegen. Backofen auf 50 °C (Heißluft) vorheizen. Eiklar mit einigen Tropfen Wasser verquirlen. Minzblätter in das Eiklar tauchen, gut abtropfen lassen (Überschuss mit einem Pinsel entfernen), auf den Staubzucker legen und mit Staubzucker bestreuen. Im Backofen bei leicht geöffneter Tür etwa 2 Stunden trocknen. Mit einer dicken Nadel in der Nähe der Blattstiele zwei kleine Löcher stechen. Weichselstiele durch die Löcher ziehen.

Schokolade-Amaretto-Soufflé mit Amarenasauce

Zart schmelzend mit weichem Kern

2 EL geschmolzene Butter • 40 g Zucker, plus mehr für die Form • 2 EL Kakao • 2 Dotter • 100 ml Amaretto • 60 g Bitterschokolade, geschmolzen • 4 Eiklar • 2 EL geröstete Mandelblättchen • 350 g Amarenakirschen in Sirup

Eine große flache Form buttern. Mit Zucker und Kakao bestreuen. Backofen auf 200 °C (Ober-/Unterhitze) vorheizen. Zucker mit Dotter, Amaretto und 40 ml Wasser über einem Wasserbad dickcremig aufschlagen. Bitterschokolade einrühren. Eiklar zu weichen Spitzen schlagen; unter die Schokomasse heben und den Teig in die Form füllen. 10–12 Minuten backen, sodass der Kern flüssig bleibt. Mit den Mandelblättchen bestreuen. Die Kirschen in kleinen Schalen dazu servieren.

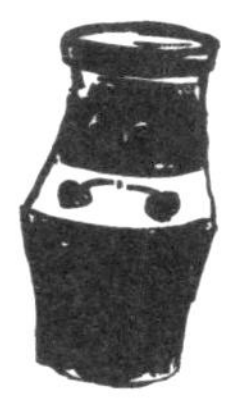

Hausgemachte Cocktailweichseln

Nach der Lektüre der Zutatenlisten von Fertigprodukten ist dieses Rezept sicher willkommen.

400 ml Weichselsaft • ca. 200 g Zucker • ½ Vanilleschote • 8 cl Maraschinolikör • 500 g entsteinte Weichseln

Saft mit Zucker und Vanille auf die Hälfte einkochen, danach Likör einrühren. Weichseln in kleine Gläser schlichten. Mit dem Sirup übergießen. Gläser verschließen und mindestens 1 Woche ziehen lassen.

McMorello

Flott gemacht. Schmeckt pur auf Eis oder als Basis für Cocktails und verfeinert dunkle Fleischsaucen.

400 g entsteinte Weichseln • 500 ml Scotch Whisky • 1 EL Honig • 1 Stück Orangenschale

Alle Zutaten in einem weithalsigen Glas mit Deckel 4 Tage im Kühlschrank ziehen lassen. Täglich schütteln. Abfiltern. Weichseln für Gerichte mit dunklem Fleisch oder Süßes verwenden.

Weichsel Rob Roy

Der schottische Nationalheld soll stets eine Mischung aus Whisky, Wermut von italienischen Freunden und Gewürzen bei sich gehabt haben; als Medizin, zur Desinfektion oder einfach, um sich Mut anzutrinken. Wird es wärmer als in Schottland, schmeckt die Mischung auch mit Soda und Eis.

5 cl McMorello (Seite 54) • 2 cl süßer Wermut • 1 Dash Angostura Bitter • 1 Streifen Orangenschale
Flüssigkeiten 25 Sekunden mit Eiswürfeln verrühren. Durch ein Sieb in ein gekühltes Cocktailglas gießen. Mit Orangenschale garnieren.

Weichseln in Kirsch

Echter Kirsch wird aus Weichseln und deren zerstoßenen Kernen gebrannt. Dieses Rezept erfordert Geduld, da die optimale Reifezeit ein Jahr beträgt. Sehr fein auch mit Gin, der sie zum idealen Begleiter von Wild macht.

2 kg reife Weichseln • ca. 750 ml guter Kirsch
Die Stiele auf 2–3 cm Länge kürzen. In einem weithalsigen Gefäß mit dem Kirsch mindestens 3 Monate ziehen lassen. Früchte und Flüssigkeit eignen sich für pikante und süße Kreationen wie Wildgerichte oder Schokoweichseln (Seite 52).

Vişinată
Weichsellikör

Ein traditioneller Schnaps aus Rumänien, für den jede Familie ihr eigenes Rezept hat. Je älter er wird, umso besser ist er. Die Großtante eines Freundes hatte 30(!) Jahre alte Vorräte. Auch in Polen beliebt.

1 kg Weichseln • 1 kg Zucker • 1 l Ţuică (Pflaumenschnaps) • einige zerstoßene Weichselsteine
Weichseln im Ganzen mit dem Zucker in einem weithalsigen Gefäß locker bedeckt einige Tage unter gelegentlichem Rühren an einem warmen Ort gären lassen. Alkohol zugießen, Steine hinzufügen und 2 Wochen in die Sonne stellen. Abfiltern und in dicht verschlossenen Fla-

schen mindestens 3 Monate lagern. Die Weichseln möglichst rasch nach dem Filtern für Desserts und zu aromatischem Käse verwenden.

Einfacher Weichsellikör

Ganz im Sinne der eleganten Resteverwertung und köstlich obendrein.

500 ml Weichselkompottsaft • Zucker oder Honig nach Belieben • 350 ml guter Weinbrand oder Obstler • 1 kleines Stück Vanilleschote • 2 Zimtblüten

Saft mit Zucker bzw. Honig auf die Hälfte einkochen. Abgekühlt mit den übrigen Zutaten 4–6 Wochen an einem warmen Ort ziehen lassen. Filtern und in kleine Flaschen abfüllen. Gut verschlossen wird er immer besser, je älter er wird.

Schwarzwälder Weichsel-Schoko-Likör

Die Torte aus der Flasche aus meiner Serie »Traditionelle Gerichte, die es nie gab, aber geben hätte können«. Solche Rezepte erfinde ich besonders gerne.

80 Kakao • 300 g Zucker • 750 ml Weichselbrand • 2 Zimtblüten • 1 Vanilleschote • geschlagenes Obers • Amarenaweichseln in Sirup • gehobelte Bitterschokolade

Kakao mit 250 ml kochendem Wasser überbrühen. Zucker in der Mischung auflösen. Mit den übrigen Zutaten 4 Wochen ziehen lassen. Abfiltern und abfüllen. Zum Genießen in breite Likörgläser füllen, Obershäubchen aufsetzen, mit Weichseln und Schokospänen dekorieren.

Scharbat Albalu
Persisches Weichselgetränk

Arabisch *scharba* bedeutet Getränk. Der Begriff wurde in zahlreiche Sprachen übernommen. Es existiert in flüssiger und löffelbarer Form und ist eine willkommene Erfrischung im heißen Persien und klassisches Begrüßungsgetränk für Besucher. Lord Byron meinte 1813 bei seinem Besuch in Istanbul: ›Gebt mir eine Sonne; egal, wie heiß, und Scharbat; egal wie kalt, und ich fühle mich wie im Himmel‹. In Indien kühlte man die Getränke früher mit Eis vom Himalaya.

Weichselsirup nach Geschmack • Eiswürfel oder gestoßenes Eis

Für die flüssige Variante Sirup auf Eiswürfel gießen und mit Wasser verdünnen. Für die feste Version gestoßenes Eis mit Sirup übergießen.

WEITERFÜHRENDE LITERATUR

Aus Platzgründen findet sich eine größere Auswahl an Literatur einschließlich der wichtigsten wissenschaftlichen Publikationen auf www.margot-fischer.net.

DIE AUTORIN

Margot Fischer, Anglistin, Ernährungswissenschaftlerin, Autorin und Übersetzerin und Lektorin. Bei Mandelbaum erschienen »Wilde Genüsse – Enzyklopädie und Kochbuch der essbaren Wildpflanzen«, »Bayou – Kochen in Louisiana«, »Rote Rübe / Rote Bete«, »Holunder«, »Pastinak« sowie »Mandel«. Sie übersetzte die Standardwerke »Das Buch der jüdischen Küche« von Claudia Roden und »Die französische Küche« von Elizabeth David.

GLOSSAR

beschwipst	leicht betrunken
Brösel	geriebenes altbackenes Weißbrot, Paniermehl
Dörrzwetschken	Backpflaumen
Dotter	Eigelb
Eierschwammerln	Pfifferlinge
Faschiertes	Hackfleisch
Germteig	Hefeteig
Griesschmarrn	dicker Brei, der in Fett gebraten wird
Gstanzl	Spottgesang im Dialekt
Gustostück	besonders gutes (Fleisch-)Stück
Klar	Eiweiß
Macis	Muskatblüte
Marmelade	Konfitüre
Marillen	Aprikosen
Obers	Sahne
Packerlsuppe	Fertigsuppe
Pignoli	Pinienkerne
Poree	Lauch
Ribiseln	Rote Johannisbeeren
Rosa Beeren	häufig fälschlich rosa Pfeffer genannt
Schlagobers	Schlagsahne
Schöpfer	Schöpfkelle
Sauerrahm	saure Sahne
Selchrippen	Kasseler
Staubzucker	Puderzucker
Vogerlsalat	Feldsalat

REZEPTVERZEICHNIS

AVOCADO
Kathrin Konrad

ARTISCHOCKE
Bruno Ciccaglione

BASILIKUM
Tatiana Silla

BIRNE
Sonja Schnögl

HOLUNDER
Margot Fischer

MANDEL
Margot Fischer,
Michael Baiculescu

MARONE | ESSKASTANIE
Michael Baiculescu

MOHN
Rita Henss

MORCHEL
Simon Drabosenig,
Günter Mischkulnig

PASTINAK
Margot Fischer

QUITTE
Inge Fasan

ROTE RÜBE | ROTE BETE
Margot Fischer

SAFRAN
Rita Henss

SELLERIE
Roland Tauber

SPARGEL
Ingrid Haslinger

STEINPILZ
Inge Fasan

WEICHSEL
Margot Fischer

ZIMT
Rita Henss